A L'AUTEUR
DES LETTRES
A UN PROVINCIAL,

Sur la justice des motifs de la Guerre & sur les conjonctures présentes de l'Europe.

Bristol le 15. Novembre 1745. N. St.

MONSIEUR,

L'onzième de vos Lettres à un Provincial, sur la justice des motifs de la Guerre & sur les conjonctures présentes de l'Europe, est une des plus solides de toutes celles que vous avez publiées jusqu'ici sur cette matiere. Vous y justifiez l'armement fait à Dunkerque ſur la fin de l'année 1743. & au commencement de l'année 1744. par pluſieurs raiſons péremptoires. Suppoſé que ce armement n'eût pas été une pure feinte, dites-vous, le Roi de France eſt auſſi autoriſé par le Droit des Gens & par la conſcience, à favoriſer les droits legitimes de la Maiſon de Stuard, ſur le Royaume d'Angleterre, que le Duc de Brunſvvick-Hanovre l'eſt à favoriſer les chimeriques prétentions de la Maiſon de Lorraine & de laCour de Vienne, ſur pluſieurs Provinces du Royaume de France. Cet argument eſt invincible.

Permettez-moi de vous repréſenter, Monſieur, que vous auriez pû faire uſage d'une autre raiſon qui n'eſt gue remoins ſolide. Elle eſt priſe de la parenté qu'il y a entre les Maiſons de Bourbon & de Stuard.

Le Prince Charles-Edouard, ainſi que vous ſavez, deſcend d'une fille de Henri le Grand, c'eſt Madame Henriette de France, comme Louis XV. deſcend de ſon fils ainé, & la deſcendance du Régent d'Ecoſſe eſt même plus proche d'un degré que celle du Roi de France.

Cette alliance fut fortifiée par celle de Monſieur, Frere de Louis le Grand, petit Fils du même Henri, avec Madame Henriette d'Angleterre, Fille de Charles I. & de Madame Henriette de France.

Par conséquent, ce motif autoriseroit, selon les principes du Droit naturel, toute la Maison de Bourbon à favoriser, si elle le jugeoit à propos, les intérêts de la Maison de Stuard préferablement & au préjudice de la Maison de Hanovre, ennemie aussi declarée de la Maison de Bourbon que la Cour de Vienne même, & qui n'a point, pour justifier les secours aussi immenses qu'injustes qu'elle a accordés à la Cour de Vienne; le motif de parenté que la Maison de Bourbon peut alleguer pour justifier les secours qu'elle pourroit accorder à la Maison de Stuard.

Vous finissez, Monsieur, la même Lettre par une espece de prédiction qui commence à avoir son accomplissement; c'est ce qui m'engage à vous prier très-instamment d'inserer parmi vos Lettres, la traduction des trois pieces suivantes, qui sont originales & très-curieuses. Elles contiennent les moiens d'engager les Peuples d'Angleterre, d'Irlande & d'Ecosse à concourir au retablissement de l'ancienne Famille Royale; les motifs qui doivent determiner le Roi de Prusse à se prêter au succès de la même revolution, les droits incontestables de la Maison de Stuard sur les Couronnes de ces trois Royaumes & des reflexions très-prudentes sur la maniere dont il est à propos de ſ'y prendre pour applanir les principales difficultés qui pourroient ſ'oppoſer à ce retabliſſement.

Il eſt inutile d'ajouter, Monſieur, qu'un court detail ſur la juſtice de ces droits, ne vous éloigne pas de votre ſujet; puiſqu'il ſeroit une juſtification des meſures publiques ou ſecretes que les anciens & nouveaux Alliés de la Maiſon de Stuard pourroient prendre à l'avenir, en faveur de cette Maiſon.

J'ai l'honneur d'être, &c.

TRADUCTION

D'UNE LETTRE E'CRITE par le Prince CHARLES-EDOUARD, *à son Pere* JACQUES III. *Roi d'Ecosse, d'Angleterre & d'Irlande.*

TRES-HONORE' SEIGNEUR ET PERE,

En arrivant dans ce Roiaume, j'eûs la consolation de trouver qu'une infinité de cœurs soupiroit après le rétablissement de notre Maison roiale; & j'ai encore la satisfaction de voir plus de cinq-cens Gentilshommes sous mes étendarts, & prêts à verser leur sang avec moi pour delivrer la chère Patrie des fers de la Maison de Brunswick-Hanovre. Leur nombre augmente tous les jours. Il se trouve parmi eux plus de vingt

Lords de différentes classes. Presque tout le reste appartient aux plus grandes familles de l'Ecosse.

Le Parti fidele à Votre Majesté est aussi très-nombreux en Irlande ; il n'attend qu'une conjoncture favorable pour éclatter ; j'en reçois même actuellement de grands secours.

Il n'y a pas une seule Province d'Angleterre où je n'aye des correspondances très-utiles, & d'où on ne m'ait envoié des sommes très-considérables.

En un mot, ces trois Nations paroissent entiérement déterminées à se venger d'une Maison étrangère, qui les a ruinées pour enrichir ses Sujets Allemands ; pour procurer au fils puiné du Duc de Brunswick-Hanovre, un établissement aussi considérable en lui-même, qu'onéreux à la Grande-Brétagne ; pour acquérir à la Fille & au Gendre de l'Empereur Charles VI. des Couronnes & des Provinces qui ne leur appartiennent pas.

Elles sont irritées de ce que les Trésors & les intérêts les plus précieux de l'Angleterre ont été sacrifiés depuis tant de temps, sous le faux prétexte des dangers chimériques de l'Europe, aux intérêts particuliers de la Maison de Brunswick, à son ambition, à son aggrandissement hors de la Grande-Bretagne ; dans la vûe d'emploier dans la suite,

& les nouvelles forces de cette orgueilleuſe Maiſon qui prétend donner des Loix à toute l'Europe, & l'épuiſement total dans lequel la Grande-Bretagne ſe trouvera bientôt, pour introduire enfin en Angleterre le gouvernement abſolu, & pour y détruire juſqu'au nom de la liberté.

En un mot, SIRE, il eſt difficile de concevoir à quel point les Peuples de vos trois Roiaumes ſont aigris contre des Régens & des Miniſtres, qui, au lieu de ſacrifier quelques ſommes pour acheter la paix qui par le moien du commerce, feroit bientôt revenir en Angleterre les ſommes ſacrifiées, ont prodigué au contraire les milliards ſans eſpoir de retour, à Vienne, à Turin, en Pruſſe, à Dreſde, en Hollande, à Cologne, à Maience, à Bamberg, & en tant d'autres lieux, pour allumer la guerre & pour la rendre générale dans toute l'Europe.

A ces griefs, SIRE, les Peuples de vos trois Roiaumes, en ajoutent une infinité d'autres concernant la liberté des Elections des Parlemens, la liberté des ſuffrages dans les Aſſemblées, la négligence du commerce des ſujets, le depériſſement des Manufactures, le mépris des loix, les fréquens voiages de la Cour en Allemagne; la diſtribution des charges, des honneurs & des penſions; le mauvais emploi des flottes &

des Armées de terre, l'esclavage où les Roiaumes d'Ecosse & d'Irlande ont été réduits depuis si long-temps. Leurs Peuples avilis, persecutés, réduits à la plus triste pauvreté, crient presqu'unanimement vengence contre le gouvernement d'un Parâtre qui donne tant de sujets de regretter le gouvernement paternel.

Le désordre des Finances est si affreux à Londres, qu'il est impossible que la Nation Angloise acquitte jamais la vingtième partie de ses dettes. La Banque est si épuisée, qu'elle ne peut éviter de faire bientôt banqueroute ; son fonds étant actuellement suivant les comptes qui m'en ont été envoiés en gros, cinquante fois inférieur à ses charges. Le Gouvernement présent a profité de son crédit, pour s'emparer de presque tout l'argent comptant de l'Angleterre. Ses coffres sont mis au pillage. La Régence, le Ministère, les Directeurs de la Banque même en ont partagé entre eux les trésors ; & tout autant d'argent qu'on y porte, est autant d'argent perdu pour la Nation. Si on ne réduit presqu'à rien les capitaux de ce qu'elle doit, ainsi qu'on l'a fait en Hollande ou en France ; comment est-il possible qu'elle les rachette, elle qui est obligée d'avoir recours tous les ans à de nouveaux emprunts, pour en paier les intérêts ?

Ainsi, Sire, ce qu'on vous a écrit du

mecontentement universel des Peuples de vos trois Roiaumes, est très-vrai ; & la conjoncture pour rentrer dans l'héritage de nos Pères ne sauroit être plus favorable..

Je tacherai de tirer tout l'avantage possible de la bonne volonté de nos Sujets fideles, pour les arrâcher au joug qu'ils portent avec tant de regret, & pour procurer à notre Maison roiale, la restitution des Couronnes que le Prince d'Orange leur enleva. Je n'épargnerai ni mes peines, ni mon sang, pour répondre dignement à la confiance que votre Majesté a eûe en moi, en me chargeant de cette noble expédition. Je vaincrai, ou je mourrai les armes à la main. La mort ne sauroit être prématurée, ou cruelle, pour un Prince qui ne peut vivre avec gloire, & il ne peut vivre avec gloire, quand il supporte patiemment d'être depouillé de tout (*a*).

Le Ciel, Sire, repand de plus en plus sa bénédiction sur vos armes. Nous faisons de nouveaux progrès depuis l'avantage que nous remportames sur les Trouples reglées

(*a*) L'Original est conçu en ces termes : ***Death can not be untimely or cruel for a Prince vvho can not live gloriously ; and he cann't live gloriously vvhen he bears patiently to be quite spoilid of all.*** On a oui dire plusieurs fois à ce Prince qu'il aime autant être sans tête que sans Couronne.

de l'Ennemi, & dont j'ai envoié la rélation à votre Majesté.

Je prie Votre Majesté de n'ajouter aucune foi aux nouvelles publiques, Angloises ou étrangères, ni aux autres écrits qu'on repand sur mon compte & sur celui des personnes que je commande. Tout ce qu'on y dit de nous en bien ou en mal n'est que pur roman. Je n'y reconnois ni moi, ni les miens. Les Peuples sont bien dupes, s'ils donnent dans des fables & dans des déclamations si mal imaginées, où l'on raisonne en l'air, sans être instruit de mes sentimens, de mes demarches, des lieux où je suis, de nos droits, de nos intérêts, de ceux de nos Peuples.

Je ne puis pas encore établir une Correspondance reglée & sure, avec Votre Majesté; mais le Comtes de BB... de PP... & de MM... de même que le Banquier Cer... sont ceux à qui je confierai le plus souvent les paquets que j'adresserai à Votre Majesté.

Je crois au reste, Sire, qu'il est de la dernière importance, de ne mettre dans notre confidence intime sur nos affaires les plus délicates, que le Duc d'Yorck, mon frère, le Cardinal O... & le Duc de B.... en Espagne. J'ai appris par la voie du Chevalier KK... que le Duc d'Yorck est parti de Rome pour me venir joindre. Je vous prie très-inſtamment d'interpoſer votre autorité roiale & paternelle pour le lui défendre. Je prends ſur moi ſeul tous les périls des tempêtes; je ne veux partager avec lui que la gloire & la tranquillité dont nous jouirons dans le port.

Sire, quelque favorable que le Ciel nous ſoit, il ne nous défend pas d'avoir recours aux moiens que la Prudence humaine autoriſe; & quelles que ſoient la valeur & la fidélité de vos Troupes; cet avantage pourroit devenir inutile, ſi on ne penſoit à nous envoier des Troupes reglées capables de diſcipliner de plus en plus celles que nous avons, & de réſiſter en même temps aux Armées nombreuſes que l'Ennemi raſſemble de toutes parts.

Le tranſport des Troupes Hollandoiſes en Angleterre, fait au mépris des loix de la Guerre les plus approuvées, nous autoriſe à prendre des méſures contraires à celles qu'il avoit plû à Votre Majeſté de prendre d'abord: c'étoit de ne faire paſſer en Angleterre, en Ecoſſe, ou en Irlande des Troupes étrangères, qu'au cas que le Duc de Brunſwick-Hanovre nous en donnât l'exemple. Nous pouvons nous paſſer encore, il eſt vrai, de Troupes auxiliaires; mais il eſt de la dernière conſéquence de m'envoier au moins les Régimens Anglois, Ecoſſois ou Irlandois qui ſont au ſervice des Puiſſances étrangères. Sans ces Troupes, je puis à la vérité me maintenir en Ecosse, quoi qu'il arrive, pendant trois ou quatre ans; mais avec elles je serois invincible. Je serois même en état d'attaquer l'Ennemi dans des Provinces, où il m'attend le moins. Il me faut sur tout quelque Cavalerie dont j'ai fort peu. Elle me sera bientôt plus nécessaire, qu'elle ne l'est à présent.

Le Duc de Brunswick n'ose assembler les Milices; parce qu'il les assembleroit surement aussi bien pour moi que pour lui. Il ne compte pas non plus sur ses Troupes reglées, parce qu'il y a tant parmi leurs Chefs, que parmi ses simples Soldats, un nombre infini de mécontens. Les Troupes auxiliaires sont sa plus sure ressource. Il est donc important de me mettre bientôt en état de leur opposer de mon côté, une Armée aussi agguerrie que fidèle.

Votre Majesté sent donc, Sire, la nécessité qu'il y a de faire de nouvelles & de fortes instances auprès de nos Alliés, pour en obtenir un secours également prompt & efficace. S'ils veulent agir de concert, frapper avec leurs flottes réunies quelque coup d'éclat; prendre bien leur temps, le succès est infaillible.

Votre Majesté a sans doute compris de quelle importance il est de decouvrir, si les Couronnes qui ont paru s'intéresser pour nous, cherchent ſeulement à faire une diverſion en Angleterre, pour en empêcher les forces d'agir directement contre eux, & pour ſe procurer à notre préjudice, une paix avantageuſe; ou ſi elles ſont dans la ferme réſolution de nous aider à remonter ſur notre Trône, & à renvoier en Allemagne la Maiſon de Brunſwick.

Dans le prémier cas, je pourrois entendre à de certains Traités qui m'ont été propoſés pluſieurs fois; mais dans le ſecond cas, je me maintiendrai ici juſqu'à la dernière extrémité.

Ces Couronnes connoitroient bien mal leurs intérêts, ſi elles n'étoient pas convaincues de la néceſſité de faire les plus grands & les plus prompts efforts, pour ſeconder nos juſtes entrepriſes. La Maiſon de Brunſwick ne leur pardonnera jamais de les avoir ſecondées, & fera ſon poſſible pour les mettre hors d'état, ſur tout par mer, de les ſeconder jamais plus avec ſuccès. Elle compte de nous détruire dans cinq ou ſix mois, pour renvoier enſuite dans le Brabant, les Régimens nationnaux ou étrangers qu'elle en a retirés. Si nos Alliés laiſſent échapper cette occaſion d'affoiblir cette Maiſon, ils la retrouveront toujours en face plus puiſſante & plus animée que jamais. Il en eſt d'elle comme de la Maiſon d'Autriche, il eſt très-dangéreux de la menager. Les coups qu'on leur porte ne doivent pas être frappés à demi. Il y auroit donc beaucoup d'imprudence de la part de nos Alliés, à négliger de profiter de la conjoncture que la Providence leur offre, pour couper la racine qui fournit à la Maison de Brunswick-Hanovre le suc nourricier auquel elle doit un aggrandissement si enorme, si subit, & dont elle fait un si mauvais usage.

L'argent ne me manque point, j'en reçois de toutes les Provinces de vos trois Roiaumes; mais il seroit à craindre, que si la guerre trainoit trop en longueur, ces sources ne tarissent enfin.

J'ai aussi pour le présent une assez grande provision de menues armes; mais la grosse artillerie me manque, de même que des gens propres à en faire usage. J'ai de la poudre pour tout l'hyver.

La côte de a † b. & les Ports de M***. de Th.... & de D.... sont les lieux les plus propres à tenter les descentes pour les renforts qu'on me destine. Si je savois à peu près le temps de leur arrivée, je m'y rendrois pour favoriser & soutenir ces descentes.

Les fréquentes victoires du Roi de Prusse charment tous nos Montagnards, & les autres Ecossois. En mon particulier, j'ai pour ce vaillant Prince, toute l'estime possible. Je vous prie, Sire, de menager, s'il se peut avec lui quelque Traité d'alliance ; & c'eſt dans ſa famille que je chercherois une Epouſe plus volontiers que dans toute autre Maiſon. Quoiqu'il ſoit Couſin germain du Duc de Brunſwick-Hanovre, il n'y a point de Souverain dans toute l'Europe plus intéreſſé que lui à la réuſſite de ma juſte entrepriſe. Il ne peut pas avoir oublié le mépris perſonnel, que ce Duc témoigna pour lui, tandis qu'il n'étoit encore que Prince roial de Pruſſe, lorſqu'il lui préfera un Prince tel que celui de Naſſau-Dietz, pour lui donner en mariage, la Princeſſe Anne ſa fille ainée. Le Duc de Brunſwick a outre cela pris à tâche de barrer en tout les projets du Roi de Pruſſe. Ce dernier Prince n'a qu'à ſe rappeller la hauteur avec laquelle le Duc de Brunſwick-Hanovre le traita, en 1741. en lui ordonnant avec de fortes menaces, d'évacuer la Sileſie, pour le premier article préliminaire de ſa paix avec la Cour de Vienne, & de ſe repoſer enſuite ſur lui du ſoin de menager les intérêts de la Maiſon de Brandebourg ; les efforts que le même Duc fit alors & ceux qu'il a faits depuis, pour ſoulever contre le même Monarque, toute l'Allemagne & tout le Nord ; le peu d'égards qu'il a eûs pour la garantie du Traité de Breſlau dont le Duc de Brunſwick-Hanovre avoit été le médiateur ; les articles ſecrets du Traité de Varſovie, qui tendent à depouiller non ſeulement la Maiſon de Brandebourg de la Sileſie, mais encore des Païs qui lui ont été accordés par le Traité de Munſter & par pluſieurs Traités ſubſéquens (*a*); les prétenſions que le même Duc forme ſur la principauté d'Ooſtfriſe; le mépris public que les Ambaſſadeurs de ce Duc & de ſes Alliés ont eû à Francfort pour ceux de Brandebourg; le Roi de Pruſſe, dis-je, n'a qu'à ſe rappeller toutes ces demarches & tant d'autres, pour ſe convaincre qu'il y aura une incompatibilité éternelle entre les intérêts de ſa Maiſon & ceux de la Maiſon de Brunſwick-Hanovre. L'uſurpation de la Couronne de la Grande-Bretagne a mis la Maiſon de Brunſwick en état de contrequarrer en tout celle de Brandebourg, de faire échouer ſes projets, de s'oppoſer à ſon aggrandiſſement. Donc, l'unique moien de faire reprendre en Allemagne à la Maiſon de Brandebourg, ſon ancienne ſupériorité ſur celle de Brunſwick-Hanovre, eſt d'enlever à celle-ci un avantage dont elle n'a profité que pour tâcher d'abbatre la Maiſon de Brandebourg.

Par conſéquent, ſi le Roi de Pruſſe entend ſes véritables intérêts, il s'alliera plûtôt avec nous qu'avec le Duc de Hanovre, qui, quoique ſon proche parent, s'eſt déclaré contre lui en toutes rencontres; qui cherche à le dépouiller d'une bonne partie

(*a*) Entre autres l'Evêché de Magdebourg.

de ſes Etats; dont l'ambition & la politique, pour ainſi dire, dominantes ſont d'affoiblir, de ruiner la Maiſon de Brandebourg, pour ſe conſerver la gloire de gouverner deſpotiquement toute l'Allemagne, conjointement avec la Cour de Vienne.

Le Roi de Pruſſe ne peut s'allier avec le Duc de Hanovre ſans s'allier avec un Ennemi de cœur & d'intérêt. S'il s'allie avec nous, il trouvera des amis éternellement fideles & reconnoiſſans. Un ſage politique ballanceroit-il longtemps entre ces deux Alliances ?

Dès qu'on apprit dans mon Armée que les prétendus Régens d'Angleterre avoient mis ma tête à prix, quatre perſonnes très-déterminées & qui ſont parfaitement au fait de la maniere de vivre du Duc de Brunſvvick-Hanovre & de ſon fils ainé, s'offrirent à moi pour ſe rendre à Hanovre ou à Londres, dans le deſſein de nous delivrer de ces deux Ennemis, par le poiſon ou par le poignard. De la maniere dont elles propoſoient de s'y prendre, la choſe étoit immanquable; mais j'ai rejetté leurs offres. Mon deſſein eſt de faire la guerre en Héros, & non pas en empoiſonneur, & j'aimerois mieux renoncer au rétabliſſement de notre Maiſon ſur les Trônes de nos Pères, que de le devoir à des aſſaſſinats. Je laiſſe à nos Ennemis ces voies odieuſes, je ne les conſacrerai jamais par mon approbation, je les conſacrerai encore moins par mes exemples. J'ai même déclaré que ſi quelqu'un des miens avoit recours à des attentats de cette nature, je le ferois punir avec autant de rigueur qu'il pourroit l'être chez nos Ennemis mêmes.

Je ſupplie Votre Majeſté de m'aimer comme doit être aimée une perſonne qui réunit à la qualité du fils le plus tendre, celle du plus fidele de vos Sujets (*a*).

CHARLES-EDOUARD,
Régent, Protecteur & Lieutenant-Général d'Ecoſſe, d'Angleterre & d'Irlande.

A Edinbourg le 1. Octobre 1745. V. S.

L'inſcription eſt : TO HIS SACRED MAJESTY, JAMES THE THIRD, KING OF SCOTLAND, ENGLAND AND IRELAND, DEFENDER OF THE FAITH. ROME. A ſa ſacrée Majeſté, Jacques III. Roi d'Ecoſſe, d'Angleterre, & d'Irlande, défenſeur de la Foi. A Rome.

(*a*) Cet endroit eſt difficile à traduire mot à mot. L'original porte : *Sir, i beg the favour from your Majeſty to love me as deſerveth to be loved a moſt dutyfull ſon and faithfull ſubjet.*

TRADUCTION

De la Réponse à la Lettre précedente *.

TRES-CHER FILS ET PRINCE.

Votre dernière Lettre, le recit de vos exploits, & les éloges que tout le monde donne à votre courage me causent une joie extrême; mais cette joie est beaucoup temperée par la crainte des périls auxquels votre précieuse personne est continuellement exposée. Menagez un sang qui m'est plus chèr que mes Couronnes, & ne confondez pas la témérité avec la valeur.

Je n'ai point reçu la rélation que vous m'avez envoiée, apparemment qu'elle aura été interceptée par l'Ennemi; mais le Duc d'Ormond m'en a fait tenir une, qu'il m'a assuré être entiérement conforme à la vôtre.

Je souhaiterois de devoir le retour de mes Peuples, moins aux maux qu'ils soufrent sous une domination étrangère, qu'à leur amour pour notre roiale Maison; mais la Providence se sert de tout pour ramener les hommes à leur devoir; & nous devons nous

* L'original est en Italien, & l'inscription porte: *Figliuolo e Principe Reale dilettissimo.*

conformer aveuglément à ſes adorables decrets.

Je n'ai pû retenir le Duc d'Yorck votre frère ; j'ai été contraint de ceder à ſes inſtances réiterées ; il n'eſt pas moins ardent que vous pour la gloire & pour le rétabliſſement de notre roiale Maiſon. Je compte qu'il vous ira joindre à la tête de quelque renfort, qui mettra enfin nos amis ſecrets de la Province LLL .... en état de ſecouer bientôt le joug étranger qui les accable.

Je vous envoierai directement moi-même, ou indirectement par le moien de mes Alliés, l'Artillerie & les autres munitions de guerre dont vous avez beſoin. Je prendrai à ma ſolde, ſix Compagnies d'Officiers & de Soldats propres à en faire uſage. Je travaille auſſi à mettre ſur pied pour notre ſervice, deux Régimens de Grenadiers choiſis dans les meilleures Armées étrangères, de vingt Compagnies chacun & de cent hommes par compagnie. Vous pourrez en faire vos Gardes du Corps. Enfin je n'omettrai rien de ce qui pourra ſervir à aſſurer le ſuccès de votre noble & juſte entrepriſe.

Ce ſuccès au reſte ſera toujours très-incertain, ſi vous ne vous rendez pas maitre des lieux fortifiés & de quelques ports conſidérables. Votre but principal doit être de vous conſerver la communication avec la mer.

Quoique vous n'aiez pas besoin d'argent, je vous envoie dix-sept mille livres sterling, que le Banquier Mu.... vous fera tenir par les voies ordinaires.

Dans la guerre, il est essentiel de prévenir le besoin d'argent. Donnez à vos Soldats de cavalerie & d'infanterie, une paye double à la paye ordinaire de la Grande-Brétagne. Accordez aux deserteurs du parti ennemi qui se rendront auprès de vous, des recompenses considérables. Ce sont deux moiens infaillibles de ne manquer jamais de Soldats.

Vous agissez très-prudemment en maintenant parmi vos Troupes toute la discipline militaire dont elles sont capables; mais trop de reserve à cet égard pourroit être nuisible; parce que ce seroit encourager nos Ennemis à persister dans leur revolte, que de leur donner le moien de compter sur l'impunité, en les traitant avec autant de menagement que nos amis mêmes.

Souvenez-vous qu'il faut que les vivres & l'argent soient abondans dans une Armée; mais n'oubliez pas aussi qu'il vaut mieux se procurer cette abondance aux dépens de vos Ennemis, qu'aux dépens de vos amis; que c'est la plus imprudente, de même que la plus injuste de toutes les maximes, que de se rendre à charge à ses Peuples, pour menager nos Ennemis & leurs Partisans, chez qui vous devez avoir autant de ſoin d'introduire la diſette, que d'entretenir l'abondance chez vous. Une politique contraire tend à indiſpoſer nos Peuples, ou même à les aliéner entiérement de nous, ſans gagner perſonne.

Ainſi vous n'exigerez de nos Amis que les fournitures abſolument néceſſaires ; procurez-vous le ſuperflu aux dépens des autres.

S'il y a des Maiſons qui propoſent la neutralité, vous la leur accorderez moiennant des otages & une contribution raiſonnable, & lorſque vous n'aurez pas lieu de ſoupçonner quelque perfidie ſecrette.

Deſarmez les familles & les lieux dont vous vous meffierez.

Quant aux Maiſons qui ſe déclareront ouvertement pour l'Ennemi, vous les menagerez auſſi peu qu'elles vous menageront : vous reſſouvenant que le Soldat, quelque fidele & de quelque Nation qu'il ſoit, eſt toujours mercenaire. Lui oter toute eſpérance de butin eſt le porter à vous abandonner tôt ou tard. Ainſi vous pourrez avoir recours, quand la douceur ſera épuiſée en vain, à quelque exemple de ſeverité envers les villes, envers les Communautés, envers les familles, qui, par un zèle criminel & hors de ſaiſon, ſe porteroient à de grands excès en faveur de la domination étrangère, & qui pourroient oublier à notre égard, à l'égard de nos Troupes, à l'égard de nos amis, les loix de la Guerre.

Si on refusoit, par exemple, sous le faux prétexte que vos Soldats sont des rebelles, de les regarder en prisonniers de guerre, lorsqu'ils tombent entre les mains de l'Ennemi ; & en conséquence qu'on les traitât avec cruauté, qu'on les condamnât à la mort, ou à être transportés dans les Colonies Angloises ; je vous permets & je vous ordonne en ce cas de faire le même traitement aux prisonniers de l'Ennemi qui tomberont en votre puissance, & d'en faire mourir deux des siens pour un des nôtres qu'il condamneroit à la mort.

L'Anglois est naturellement feroce dans sa victoire ; & il n'y a que la crainte d'être traité aussi mal qu'il traite les autres, qui puisse mettre un frein à cette férocité.

Les particuliers qui auroient la hardiesse de lever en faveur de la domination étrangère & à leurs depens, des régimens entiers, ou des Compagnies franches, ne seront aucunement menagés.

Si des Villes ou des Bourgs du Parti ennemi avoient la témérité de vous nuire dans vos marches, de favoriser vos Ennemis en leur fournissant des vivres & en vous les refusant, vous tendoient des embuscades, ou se portoient contre vous à d'autres hostilités directes ou indirectes ; c'eſt ſur leurs territoires ſur-tout que vous exigerez les contributions néceſſaires pour l'entretien de votre Armée ; & du ſurplus, s'il en reſte, vous ſoulagerez les lieux qui nous ſont fideles, & qui auront été foulés par le paſſage de vos Troupes, ou par les hoſtilités des Troupes ennemies.

Si la ſupériorité de l'Ennemi vous forçoit à abandonner des lieux où les fourages ſont abondans, & où vous avez des magaſins ; ayez la prévoiance, avant que de vous éloigner, de détruire tout ce que vous ne pourrez pas emporter. Par-là vous rendrez, faute de fourages, ſa cavalerie inutile ; & vous retarderez ſa pourſuite, par le beſoin où il ſera de trainer avec lui les proviſions de bouche que vous lui aurez coupées ſur ſa route.

Il eſt inutile de vous donner, Très-cher Prince, de plus amples inſtructions ſur cette matiere. Prenez pour règle générale de recompenſer abondamment nos amis, aux dépens de l'Ennemi ou de ſes adhérans.

Au reſte, je vous loue infiniment du parti que vous avez pris à l'égard de ceux qui vous ont offert de vous defaire de nos Ennemis par le poignard ou par le poiſon. Je connois trop la nobleſſe de votre cœur, pour croire qu'il ſoit beſoin de vous exhorter à conſerver toujours la même magnanimité.

Mais il n'eſt pas inutile d'uſer de quelque précaution. Elle conſiſte à tâcher de faire enlever le plus grand nombre de Seigneurs & de Généraux du Parti ennemi que vous pourrez. Si la Providence vous rend maitre de leurs perſonnes, envoyez les par mer à Cl **. d'où je les ferai tranſporter ſous une eſcorte fidele à R ** R. Ces Priſonniers me ſeront un gage aſſuré de votre perſonne & de celles de nos principaux amis, en cas que par quelque viciſſitude fatale du ſort journalier des armes, ou par des attentats que je ne ſoupçonne point, mais contre leſquels la prudence ordonne de ſe précautionner, vous ou quelqu'un de vos Généraux tombaſſiez entre les mains de l'Ennemi.

Vos ſentimens à l'égard du Roi de Pruſſe ſont très-légitimes; je les approuve fort, & la déclaration que vous m'en avez faite, m'a fait plaiſir. Ses Conſeillers dont la plûpart ne penſent pas juſte ſur les véritables intérêts de leur Maitre & ſur la gloire de ſa Maiſon, le detourneront peut-être de s'allier avec nous, ſous prétexte qu'en favoriſant nos armes & notre rétabliſſement ſur le Trône d'Angleterre, il travailleroit indirectement à annéantir le droit de ſucceſſion au même Trône, qui peut lui être devolu par le mariage de la Reine ſa Mere dans la Maiſon de Brandebourg; mais la Poſtérité du Duc de Brunſwick-Hanovre eſt ſi nombreuſe, que l'expectative de celle de Brandebourg, quand même on la ſuppoſeroit très-légale, n'aura ſans-doute jamais lieu. D'ailleurs cette Maiſon peut ſe procurer par notre alliance, des droits plus réels & plus prochains ſur la même Couronne. Il eſt conſtant auſſi que la ſaine politique voudroit que la Maiſon de Brandebourg préferât à une expectative ſi éloignée, l'avantage actuel d'affoiblir une Maiſon rivale, ennemie, acharnée à la détruire elle-même, pour s'aggrandir de ſes ruines. Enfin, quand la Maiſon de Brandebourg préfereroit celle des Stuards à celle de Brunſvvick-Hanovre, elle ne feroit que ce que la Maiſon de Brunſvvick-Hanovre a fait, malgré la parenté, à l'égard du Roi de Pruſſe qu'elle a ſacrifié à la Cour de Vienne & à la Maiſon de Lorraine.

Je crois, en cas que ce projet manque, qu'il ſera expedient pour notre famille, & très-convenable au véritable bien de l'Angleterre, de vous marier, vous & le Duc d'Yorck, dans deux familles Angloiſes. Des mariages de cette nature empêcheroient pour toujours nos trois Roiaumes de retomber ſous un joug étranger, en attachant indiſſolublement à nos intérêts la principale Nobleſſe de nos Roiaumes, flattée de l'eſpoir de s'allier avec ſes Souverains.

Quant aux reflexions que vous faites dans votre derniere Lettre, sur la fidélité de nos Alliés, elles sont très-sages. Jusques-ici je n'ai point lieu de douter de cette fidélité, & je les crois très sincerement portés à concourir de toutes leurs forces à notre rétablissement.

Dieu vous ait, Très-cher Fils & Prince, dans sa digne & sainte garde.

JACQUES Roi d'Ecosse, d'Angleterre & d'Irlande, Protecteur de la Foi.

A Albano le 29. Octobre 1745.

P. S. Il est bon de ne pas oublier que le moien le plus efficace pour réduire en peu de temps la ville de Londres & pour l'engager à chasser d'elle-même les Etrangers, est de lui couper le plûtôt que vous pourrez, le charbon de terre & les autres provisions qu'elle reçoit par la Tamise. N'oubliez pas non plus l'objet important: c'est de vous conserver la communication avec la mer. Ne vous laissez pas non plus bloquer dans les montagnes d'Ecosse, de maniere qu'il ne vous reste aucune issue pour degorger en force dans la plaine, & fondre sur l'Ennemi du côté où il vous attendra le moins.

*

Ayez, comme on dit, plusieurs cordes à votre arc. N'épargnez rien pour avoir de bons espions. Cachez tout à vos Ennemis, & s'il se pouvoit à vos amis mêmes. Abandonnez le soin du reste à la Providence.

L'adresse est: AL SERENISSIMO PRINCIPE CAROLO-EDOARDO, REGENTE, PROTECTORE E LUOGOTENENTE-GENERALE DI SCOTIA, D'INGHILTERRA E D'IRLANDA.

Traduction de la proclamation

TRADUCTION

DE LA PROCLAMATION du Prince* CHARLES-EDOUARD, *Regent, Protecteur & Lieutenant-General des Roiaumes d'Ecosse, d'Angleterre & d'Irlande.*

PORTANT une abolition générale, de tous les excès qui ont été commis contre la Maison de Stuard, depuis le détrônement de JACQUES II. & une invitation à tous les Anglois, Ecossois & Irlandois, qui sont au service des Puissances étrangères, de se rendre incessamment dans leur Patrie, pour aider le Prince CHARLES-EDOUARD, à la delivrer de toute domination étrangère & tyrannique.

1. *Novembre* 1745. V. S.

CHARLES-EDOUARD, PAR LA GRACE DE DIEU, & par la nomination volontaire de Très-haut & très-puis-

* *Proclamation* signifié en Anglois, *Déclaration Ordonnance.*

C

ſant Prince JACQUES III. Roi d'Ecoſſe, d'Angleterre & d'Irlande, Défenſeur de la Foi, notre très-honoré Père & Seigneur; Prince de Galles, Régent, Protecteur & Lieutenant-Général des Roiaumes d'Ecoſſe, d'Angleterre & d'Irlande: A tous ceux qui ces préſentes liront; SALUT.

Il eſt notoire à tous,

Qu'en 1688. Guillaume, Prince d'Orange, entreprit de ravir au ſéréniſſime Prince Jacques II. notre très-honoré Aieul & Seigneur, de glorieuſe mémoire, les Couronnes de la Grande-Bretagne & d'Irlande, qui lui avoient été tranſmiſes par la naiſſance, & du conſentement unanime du bon Peuple deſdits trois Roiaumes.

Que ledit Prince d'Orange, contre toutes les Loix divines & humaines & ſans aucun droit, fit une deſcente en Angleterre avec une Armée étrangère de vingt-cinq mille hommes, & chaſſa du Trône le Souverain, dont il avoit l'honneur d'être Gendre.

Que la Providence aiant permis, en punition des péchés de la Maiſon roiale & des trois Nations qui lui étoient ſujettes, que le parti le plus juſte ne fût pas le plus heureux, l'Uſurpateur ſe maintint par pluſieurs victoires, ſur les Trônes envahis.

Que pour éloigner de plus en plus, de

ces Trônes, le Monarque qu'il en avoit fait descendre, & toute sa postérité, il s'efforça de repandre un doute aussi criminel, que destitué de toute vraisemblance, sur la naissance du Prince de Galles, aujourd'hui Roi d'Ecosse, d'Angleterre & d'Irlande, notre très-honoré Pere & Seigneur.

Que cette fable fut rejettée si universellement par la plus grande partie de nos Peuples, par toute l'Europe, & même par la Princesse Anne, notre Tante, qui porta la Couronne d'Angleterre après la mort dudit Usurpateur, qu'aucun homme de bon sens n'oseroit plus l'avancer dans nos trois Roiaumes, sans s'exposer au mépris public.

Que le même Guillaume inventa, & fit passer le 23 Mars 1701. un prétendu acte de Parlement, pour appeller Sophie de Bavière-Palatin, fille d'Elisabeth, Electrice Palatine, petite-fille de Jacques I. & mariée en 1658. à Ernest-Auguste, Duc de Brunswick-Lunebourg, Evêque d'Osnabrug, & la Postérité Protestante de ladite Sophie & dudit Ernest-Auguste, à la succession des mêmes Roiaumes, & pour en exclure à jamais notre roiale Maison.

Que ladite Princesse Anne, agitée par les remords continuels de sa conscience, avoit pris les mesures propres à nous assûrer la succession de nos Roiaumes ; mais qu'en vertu de l'acte obtenu par les intrigues dudit Guillaume, ces trois Roiaumes passèrent en 1714. après la mort de notre Tante, sous la domination des Allemands, au mépris des droits de notre roiale Maison, de ses protestations, des véritables intérêts de nos Peuples, & des oppositions qu'ils firent, même à main armée, à l'exécution de cet acte si contraire aux constitutions de la Grande-Bretagne, & à l'ordre de succession établi de tout tems dans nos trois Roiaumes.

Que les deux Etrangers, qui en vertu de cet acte, envahirent les Trônes qui nous appartiennent si légitimement, ont abusé de leur pouvoir, pour transporter en Allemagne toutes les richesses de la Nation Angloise ; ont emploié ces richesses à y acquérir de nouvelles Principautés ; ont engagé la même Nation dans des guerres étrangères, soit par la réunion à la Couronne d'Angleterre, de plusieurs Etats d'Allemagne litigieux ; ou injustement possédés par la Maison de Brunswick-Hanovre, soit par plusieurs Traités de garantie onéreux à la Grande-Bretagne, & par plusieurs autres moiens contraires à la conscience & aux véritables intérêts de cette Couronne.

Que le Conseil qui a rédigé la dernière

harangue, faite par le Duc de Brunſwick-Hanovre au Parlement de Londres, a prétendu ſans doute, tourner ſon Maître en ridicule, en faiſant donner par ce Prince né à Hanovre, & dont les Ancêtres n'ont régné que dans un très-petit coin de l'Allemagne, à notre très-honoré Seigneur & Père né à Londres, & dont les Ancêtres ont porté depuis ſi longtemps les Couronnes de nos trois Roiaumes, le titre odieux d'Etranger.

Que quand même l'acte du 23. Mars 1701. qui appelloit à la ſucceſſion de ces Roiaumes, une Maiſon étrangère, au préjudice de notre Maiſon Roiale, auroit été légitime, & que le motif ſur lequel on a prétendu le fonder, auroit été juſte & vrai; ce motif, ſavoir le danger de la Religion Proteſtante dans nos trois Roiaumes, venant à ceſſer dans notre Perſonne, l'acte qui en fut la ſuite, perd par-là ſa force radicale, & eſt révoqué & annéanti *ipſo facto*.

Que ſi la Nation Angloiſe a cru être en droit de détrôner un Prince naturel du Pais, pour lui ſubſtituer des Etrangers, elle ne l'eſt pas moins de les chaſſer, pour rétablir l'ancienne Famille Roiale.

Que l'on ſe trompe groſſiérement, lorſqu'on donne le nom odieux de rebelles, aux perſonnes armées, pour procurer ce rétabliſſement, parce qu'il ne s'agit pas, dans le cas préſent, de prendre les armes contre un Supérieur légitime, en faveur d'un Sujet mécontent, d'un Prétendant, ou d'un Uſurpateur, dépourvu d'un juſte titre; mais il s'agit de favoriſer le Supérieur légitime, fondé ſur des titres ancieus, inconteſtables, & dont il ne s'eſt jamais déſiſté, contre un Uſurpateur, qui n'a pour lui qu'une poſſeſſion contredite, récente, & dont il a même abuſé, au grand détriment de nos trois Roiaumes.

Qu'il ſeroit abſurde de ſoutenir que la poſſeſſion d'environ trente années, qui, comparée à pluſieurs ſiècles n'eſt, pour ainſi dire, qu'une poſſeſſion momentanée, puiſſe avoir éteint en faveur d'une Branche féminine collatérale, très-éloignée, telle qu'eſt la Poſtérité d'Eliſabeth, fille de Jacques I. notre très-honoré Triſaieul, de glorieuſe mémoire, les droits acquis par la maſculinité,& par une ſucceſſion de Père en fils, à la ligne directe & maſculine, Héritière inconteſtable des Maiſons d'Yorck & de Lancaſtre, telle qu'eſt la poſtérité maſculine de Charles I. notre très-honoré Seigneur & Biſaieul, de glorieuſe mémoire, & frère d'Eliſabeth; de même qu'il auroit été abſurde de prétendre que la poſſeſſion paiſible du Roiaume de Portugal par la

Maiſon d'Autriche eût entiérement ôté aux Portugais, le droit de rappeller la Maiſon de Bragance; ou que la poſſeſſion violente de Cromwel & de Richard ſon fils, eût privé nos trois Roiaumes du droit de rétablir ſur le Trône de la Grande-Bretagne, ladite poſtérité maſculine de Charles I.

Que les raiſons alléguées autrefois, dans ces deux cas, par la Maiſon d'Autriche, par Cromwel & par leurs Adhérans, étoient préciſément les mêmes que celles qu'alléguent aujourd'hui les Fauteurs de la domination étrangère Allemande, n'ont pas aujourd'hui plus de force contre notre roiale Maiſon, qu'elles en avoient du temps de l'Uſurpateur Comwel & de ſon fils; & ne lient pas plus nos Sujets envers la Maiſon de Brunſvvick, qu'ils étoient autrefois liés à la Maiſon de cet Uſurpateur, & que les Portugais étoient liés à la Maiſon d'Eſpagne.

Qu'il ſeroit ridicule enfin d'avancer, que par notre rétabliſſement, la Nation eſt en danger de devenir la proie du pouvoir arbitraire; comme ſi elle n'avoit pas plus à craindre de la part d'un Prince qui tient l'Allemagne à ſes gages, qui par la rivière de Brème, peut faire des embarquemens conſidérables, & renouveller chaque jour l'invaſion des anciens Saxons, que de la part d'un Prince, qui n'auroit pour se maintenir sur le Trône paternel, d'autre ressource que le cœur de ses Sujets.

A CES CAUSES, Nous, au nom du Sérénissime & Très-puissant Prince, JACQUES III. Roi d'Ecosse, d'Angleterre & d'Irlande, Défenseur de la Foi, & Héritier incontestable des Maisons d'Yorck & de Lancastre, notre très-honoré Père & Seigneur; en vertu du pouvoir attaché à notre charge de Régent, de Protecteur & de Lieutenant-Géneral desdits trois Roiaumes; du consentement libre de la plus saine & de la plus nombreuse partie des Ecossois, Anglois & Irlandois, qui nous ont appellé à la jouissance de nosdits Roiaumes, & à les aider à secouer le joug tyrannique des Allemands; & par le droit imprescriptible que la Nature & les Loix positives accordent aux enfans, de réclamer en tout temps, & contre tous Usurpateurs de mauvaise foi, l'héritage & les Couronnes de leurs Ancêtres, déclarons ce qui suit:

ARTICLE PREMIER.

Nous cassons, révoquons, annullons les actes passés en 1689. & les années suivantes, ſous l'uſurpation de Guillaume, Prince d'Orange, contre la perſonne, la famille & l'autorité de Jacques II. Roi de la Grande-Bretagne & d'Irlande, notre très-honoré Seigneur & Ayeul, & tous les actes qui en ont été une ſuite, & qui ont tendu au même but, tant avant qu'après la mort de cet Uſurpateur, qu'avant & après la mort d'Anne Stuard, & pendant l'uſurpation des deux Princes de Brunſwich-Hanovre; & nommément l'acte du 23. Mars 1701. par lequel ladite Sophie de Bavière-Palatin & ſa Poſtérité Proteſtante furent appellées à la Couronne d'Angleterre, au préjudice de notre roiale Maiſon.

II. Nous conſentons à reconnoître pour légitimes les Parlemens qui ont été convoqués & aſſemblés, depuis cette révolution; & par grace ſpéciale, pour procurer plûtôt à nos Peuples une pacification générale, & pour calmer leurs conſciences à l'égard des procédures injuſtes faites contre nous, mais ſans déroger néanmoins aux Loix fondamentales de la Nation, Nous accordons à ces Parlemens convoqués par des Roix de fait, le même pouvoir légiſlatif, dont doivent jouir les ſeuls Parlemens convoqués par des Roix de fait & de droit (*a*); & en

(*a*) Diſtinction connue dans l'Hiſtoire d'Angleterre.

conséquence, Nous confirmons tous les actes passés depuis ladite revolution, à l'avantage des Peuples de nos trois Roiaumes, sans y comprendre néanmoins les actes auxquels il est expressément dérogé par ces présentes, & auxquels Nous jugerons à propos de déroger après notre entier rétablissement, de l'avis de nos Parlemens.

III. Nous voulons que les Parlemens d'Angleterre, d'Ecosse & d'Irlande soient à l'avenir triennaux, sans qu'ils puissent être prorogés plus long-temps, sous quelque prétexte que ce puisse être.

IV. Nous promettons de ne permettre jamais, dans l'étendue de nos trois Roiaumes d'Ecosse, d'Angleterre & d'Irlande, que personne soit gêné, inquiété, persécuté, dans son corps ou dans ses biens, par rapport à la profession de sa Religion, quelle qu'elle puisse être.

V. Nous confirmons toutes les loix faites pour la conservation de la Religion Anglicane en Angleterre, & de la Religion dominante en Ecosse, sur le pied qu'elles y sont établies ; & Nous promettons de prendre, de concert avec nos Parlemens, avec les Prélats, & avec les autres personnes Ecclésiastiques, qu'il appartiendra, les mesures les plus propres à les maintenir toujours dans un état florissant

N'entendant aucunement annuller ledit acte du 23. Mars 1701. quant à ses motifs; savoir quant au projet d'assurer la succession desdites trois Couronnes dans une Maison Protestante; mais seulement quant aux moiens, savoir l'exclusion de notre Famille Roiale, en faveur d'autres Maisons Protestantes étrangères.

VI. Nous promettons au Clergé de nos trois Roiaumes de leur permettre d'assembler des Synodes nationnaux, provinciaux, ou diocesains (a), pour y délibérer librement de tous les points qui concernent la foi ou la discipline : Liberté qui lui a toujours été refusée sous la domination étrangère Allemande.

VII. Nous promettons de donner notre consentement à un *Bill*, par lequel il sera porté que toutes les personnes attachées à la Cour par des charges ou par des pensions, ne pourront *voter* dans aucune des deux Chambres des Parlemens de nos trois Roiaumes, aussi longtemps qu'elles jouiront desdites charges ou pensions.

VIII. Nous promettons de faire rendre un compte exact des deniers publics à

(a) Les Anglois appellent ces Synodes, *Convocations*.

tous ceux qui en ont eû l'administration pendant l'usurpation Allemande.

IX. Nous promettons un pardon général, une amnistie sincère & une entière abolition, à l'égard de tout ce qui a été machiné, entrepris, fait & statué, directement ou indirectement, par le Public ou par les Particuliers, sans distinction, exception, ou réserve quelconques, contre Nous & notre Roiale Maison, depuis la révolution de 1688.

X. N'entendons néanmoins comprendre dans ladite abolition générale, les Particuliers de quelque rang & condition qu'ils soient, qui, en persévérant dans leur révolte dénaturée contre Nous & contre notre Roiale Maison, ont levé ou leveront à leurs frais, des Régimens ou des Compagnies contre notre service : Auquel cas Nous permettons à nos loiaux & fidèles Sujets, de courir sus à ces personnes dénaturées, acharnées à maintenir dans nos trois Roiaumes, la domination étrangère & la tyrannie Allemande, & de détruire lesdites personnes & leurs biens, par le fer & par le feu, si dans l'espace de deux mois, elles n'ont licentié les Troupes levées à leurs dépens.

XI. Nous ordonnons à tous les bons Anglois, Ecossois & Irlandois, engagés au ſervice de la Maiſon de Bruſwick-Hanovre, & de ſes Alliés ou Adhérans, de quitter ledit ſervice ſur terre dans l'eſpace de ſix ſemaines, & ſur Mèr dans l'eſpace de trois mois, à compter du jour de la publication des préſentes, ſous peine de confiſcation de corps & de biens, ou d'exécutions militaires ſur les maiſons & ſur les terres de leur dépendance : Annullant au ſurplus & caſſant leurs ſermens, & tous les autres engagemens contractés par elles avec l'Ennemi, comme nuls de droit & faits contre leur Souverain légitime.

XII. Nous ordonnons à tous les bons Anglois, Ecoſſois & Irlandois, engagés au ſervice des Couronnes étrangères, de quitter au plûtôt ledit ſervice, pour ſe rendre auprès de Nous, & nous venir aider à délivrer la Patrie du joug étranger & Allemand : leur promettant qu'ils recevront de Nous des récompenſes proportionnées à leurs ſervices.

XIII. Nous prions les Puiſſances étrangères, qui ont aucuns de nos Sujets engagés dans leur ſervice de terre ou de mèr, de leur permettre de ſe rendre auprès de Nous, & de leur procurer les facilités néceſſaires pour cela, leur promettant de leur rendre très-exactement les fraix & les dépenſes qu'elles pourront faire à cette occaſion ; & même les mêmes corps de Troupes, après que Nous ſerons rétablis ſur nos Trônes.

XIV. Nous exhortons toutes les perſonnes de nos Roiaumes, bien intentionnées pour notre Roiale Maiſon, & qui ont en horreur la revolte, qui l'a rendue depuis 1689. errante dans des terres étrangères, de nous prêter les ſecours qui dépendront d'elles, & de ſe joindre au plûtôt à Nous, leur promettant qu'elles recevront dans notre Cour & dans nos Armées, tous les encouragemens poſſibles.

XV. Toût Officier-Général qui ſe rendra auprès de Nous, y ſera emploié dans le même grade, ou dans un grade ſupérieur à celui qu'il avoit au ſervice de l'Ennemi, ou au ſervice de l'Etranger. Tout Colonel reformé ou en pied, ſera élevé au grade d'Officier-Genéral. Tout Lieutenant-Colonel ou Major, aura le Brevet de Colonel, de même que les Capitaines qui nous viendront joindre avec leurs Compagnies, ou du moins avec un nombre de Soldats aſſez conſidérable pour former un Corps. Les Lieutenans auront ſur le champ le Brevet de Capitaines ; les Sergens auront celui de Lieutenans, ou de Capitaines, s'ils nous conduiſent des Soldats avec eux, & tous les ſimples Soldats, qui auront au moins quatre ans de ſervice, ſeront emploiés pour Sergens. Chaque ſimple Soldat de pied ou de cheval, qui prendra parti dans nos Troupes, aura un congé de trois ans, avec douze livres ſterling d'engagement. Tout homme qui voudra ſervir dans nos Troupes, y ſera admis, pourvu qu'il s'engage à y ſervir au moins un an entier, moyennant trois livres ſterling d'engagement. Tout Fantaſſin qui déſertera des Troupes Ennemies, aura huit livres ſterling de récompenſe, & tout Cavalier qui déſertera avec ſon cheval & ſes armes, aura une recompenſe de douze livres ſterling, ſoit qu'ils veuillent ou ne veuillent pas prendre parti dans nos Troupes.

XVI. Tous les Capitaines des vaiſſeaux de Guerre, au ſervice & ayant commiſſion de l'Ennemi, qui ſe rendront ſous notre Pavillon avec leurs vaiſſeaux & équipages, ſeront déclarés Chefs-d'Eſcadre. Tous ceux qui armeront un ou pluſieurs vaiſſeaux pour notre ſervice, auront le grade & les récompenſes, que méritera la grandeur de leurs ſervices; & ceux de nos Capitaines ou de nos Armateurs, qui prendront ſur l'Ennemi un vaiſſeau de Guerre ou autres, ſeront récompenſés à proportion de la valeur de la priſe qu'ils auront faite.

XVII. Nous faiſons, par ces préſentes, ſavoir à l'Ennemi, que Nous traiterons ſes priſonniers de Guerre, de la manière dont il traitera les nôtres; mais que s'il a la cruauté de condamner aucun des nôtres à la mort, ou à être tranſporté dans les Colonies Angloiſes, Nous en ferons pendre ſur le champ, ou Nous en envoierons dans les Roiaumes de Maroc, ou autres lieux d'Afrique, pour y être vendus comme Eſclaves; deux des ſiens, pour un des nôtres qu'il oſeroit faire mourir ou tranſporter: Défendant au ſurplus très-expreſſément à nos fidèles Sujets, de porter leur zèle pour Nous & pour notre Roiale Maiſon, juſqu'à ſe ſervir du poignard ou du poiſon, contre aucun des Princes de la Maiſon de Brunſwick-Hanovre, ou aucun de leurs Miniſtres ou Adhérans; menaçant au contraire ceux qui auroient recours à de pareils attentats, de les faire punir nous-mêmes, avec autant de rigueur qu'ils pourroient l'être par nos Ennemis, & par leurs Officiers.

XVIII. Quant au Traité fait en 1707, pour la réunion de notre Roiaume d'Ecoſſe avec celui d'Angleterre, en vertu duquel Traité celui d'Ecoſſe eſt devenu comme une Province de l'autre, & a été privé du droit d'aſſembler ſes propres Parlemens; Nous promettons de convoquer après la paix, une Aſſemblée des perſonnages les plus notables des deux Roiaumes, pour examiner

de

de nouveau, & terminer à l'amiable ce grief, & pour y apporter les remèdes les plus convenables, soit en cassant ou réformant ledit Traité d'union, soit en le confirmant, sauf à augmenter s'il en est besoin, le nombre des Pairs & des Représentans des Communes d'Ecosse, dans les Parlemens de la Grande-Bretagne, & à régler que lesdits Parlemens siègeront alternativement à Londres & à Edimbourg, afin de rétablir par-là la Couronne d'Ecosse dans son ancien lustre.

MANDONS à tous les Officiers de nos Armées, & de nos Cours de Justice & de Police de tenir la main, autant qu'à chacun d'eux appartient, à la publication & à l'exécution des présentes. DONNÉ dans notre Camp d'Ecclefeighten, ce jourd'hui premier Novembre, l'an de grace mil sept cens quarante-cinq, du regne de notre très-honoré Seigneur & Père (*a*) le quarante-quatre, & de notre Régence le second.

CHARLES-EDOUARD,
Régent, Protecteur & Lieutenant-Général des Roiaumes d'Ecosse, d'Angleterre, & d'Irlande.

(*a*) Ce Prince parvint a la Couronne, par le décès de Jacques II. son Père, mort à Saint Germain-en-Laye le 16 Novembre 1701, & fut reconnu en cette qualité par Louis XIV. par tous les Alliés de sa Maison, & par tous ses Sujets fideles.

www.ingramcontent.com/pod-product-compliance
Ingram Content Group UK Ltd.
Pitfield, Milton Keynes, MK11 3LW, UK
UKHW021025200726
13857UKWH00004B/1592